PATRICE FRANCESCHI

LETTRES
À LA PETITE FILLE
QUI VIENT DE NAÎTRE

BERNARD GRASSET
PARIS

Photo de la couverture : © Gettyimages.

ISBN 978-2-246-83973-6

Pour Elsa et Andrea

Lettre 1

Ma chère enfant,

Tu as à peine quelques mois d'existence, l'avenir est tout entier devant toi, mais depuis le jour de ta naissance je m'interroge sur le destin que te réservera le monde dans lequel tu viens de prendre place, et sur la manière dont je pourrais agir pour rendre ce destin le meilleur possible. Cette préoccupation va de soi puisque je suis ton parrain par la grâce de ta mère. Sache que je prends mon rôle très à cœur – comme je le fais pour mes propres enfants. Tout au long des années à venir, je vais t'accompagner dans ta marche en avant, de tes premiers pas jusqu'à mon dernier souffle. Qu'il plaise aux dieux que ce chemin soit long ! Mais même lorsque mon passage sur Terre prendra fin dans le cycle immuable des générations, je serai encore à tes côtés à travers les lettres que je vais t'écrire. C'est ce que j'ai trouvé de mieux à faire pour éclairer ta route, puisque telle est la mission d'un parrain. Ton père et ta mère conserveront ces lettres jusqu'à ce que tu sois en âge de les lire et capable de comprendre ; tu auras sans doute quinze ans à ce moment-là et je répondrai alors aux interrogations que mes lettres auront suscitées en toi. Plus tard, elles seront comme mon héritage.

T'avoir comme filleule est une source de joie mêlée d'inquiétude : joie d'avoir vu jaillir ta vie dans le mystère sans cesse renouvelé de la venue au monde de chaque être ; inquiétude, parce que la société qui vient de t'accueillir est malade. Sans doute est-elle même en train de se décomposer. C'est le terme qui me vient à l'esprit quand j'observe son évolution que tu ne peux voir encore. Beaucoup de ceux que tu appelleras un jour tes concitoyens nient cette décomposition ; sans doute se rassurent-ils comme ils peuvent. Le plus grand nombre, toutefois, partage mon sentiment. Mais la lucidité qui les habite les porte trop souvent au découragement et à la résignation. C'est une lucidité en forme de passion triste ; elle ajoute de la corrosion aux épreuves que nous traversons. Rassure-toi, cependant ; il est une autre lucidité, ardente et joyeuse celle-là, que je te ferai partager parce qu'elle conduit à la volonté de répondre à tout ce qui se délite en posant l'unique question qui compte : Comment se tenir droit sur la pente d'un monde qui vacille ?

J'aurais voulu que tu naisses dans un paradis bien ordonné par des hommes soucieux les uns des autres. Ma responsabilité envers toi aurait été une charge pleine d'insouciance et de gaieté, elle aurait eu un air de printemps perpétuel ; par la force des choses, cette responsabilité sera un devoir plus lourd, comme un air d'hiver recouvrant tout de neige ; mais ce devoir sera empli du bonheur de ceux qui, comme moi, considèrent que rien n'est jamais perdu d'avance. Bien au contraire. Et je vais t'apporter les preuves que tu pourras faire de ta vie un enchantement.

Comme tu t'en apercevras lorsque tu sauras lire, mes lettres sont pleines d'espoir. Il existe un remède à chacune des maladies du monde, sois-en convaincue ; il suffit de chercher – et sans relâche si nécessaire. C'est une tâche ardue, mais si tu t'attaches à suivre cette route, parvenue à son terme tu découvriras deux choses : d'abord que tu es toujours debout dans la tourmente – identique à toi-même et heureuse de ta victoire ; ensuite, que par cette victoire tu as freiné l'expansion du délitement de ta société. Tu t'apercevras alors que tu as été utile à d'autres qu'à toi-même, utile à des causes plus grandes que toi peut-être, et que c'est l'une des sources du bonheur véritable, car il ne dépend jamais de la vacuité des biens terrestres. J'espère que c'est ce bonheur-là que tu poursuivras, le seul qui vaille en définitive.

La vie m'a enseigné une chose essentielle que je veux te transmettre dès ma première lettre. Écoute : toujours tu auras le sentiment d'avoir peu de prise sur le monde extérieur ; ne t'en trouble jamais ; ce monde extérieur, souvent fugace et volatil, sans cesse cruel et brutal, est le lieu de notre impuissance. Toujours, en revanche, si tu le veux, tu auras prise sur ton monde intérieur, le seul qui dépend de toi et dont tu pourras faire ta pleine propriété ; je t'en parlerai plus longuement dans une prochaine lettre et contribuerai à bâtir ce monde intérieur, mais sois certaine, déjà, qu'il est le lieu véritable de la puissance de chacun d'entre nous – et seule compte cette puissance pour résister dans les tempêtes. Ainsi construite, rien ne t'abattra et tu sauras édifier de grandes choses autour de toi, de celles dont tu pourras être fière.

Lettre 2

Ma chère filleule,

Je porte une grande estime à ta mère : pour ce qu'elle est et pour ce qu'elle fait. C'est une helléniste réputée, belle et intelligente comme tu le seras toi-même parvenue à son âge, je n'en doute pas un instant quand je te regarde dans ton berceau ; sa capacité à lire et commenter en grec ancien l'*Odyssée* d'Homère ou en latin l'*Enéide* de Virgile ne cesse de faire mon admiration et fera bientôt la tienne. Ensemble, nous œuvrons à des livres communs puisque nous avons fait de la littérature le lieu où s'expriment, justement, nos mondes intérieurs.

Dès que tu auras appris à lire, ta mère et moi saurons te faire aimer tout ce qui touche à l'univers des Lettres ; au cours de ton existence, tu pourras ainsi dialoguer avec les morts qui avaient des choses à dire de leur vivant – ce qui est essentiel à l'intensité de la vie comme à la formation des consciences. Ces hommes et ces femmes disparus depuis longtemps sont de grandes âmes disponibles jour et nuit ; rien ne peut les fatiguer... Ils participeront à la construction et à la fermeté de ton monde intérieur, ils favoriseront ton dialogue avec toi-même, source de liberté, et éloigneront de toi le brouhaha de la société ; ils t'apporteront bien des connaissances que l'on ne trouve nulle part ailleurs. Aimer lire, sois-en sûre, revient à posséder la clef ouvrant le plus fantastique des coffres aux trésors. Même un voyageur perdu dans le plus aride des déserts n'est jamais seul s'il possède un livre dans sa poche ; j'en ai fait l'expérience.

Dans la mesure où j'ai toujours pensé que c'était une grande faute pour les adultes de ne pas mettre des livres entre les mains des enfants, nous t'ouvrirons très tôt les portes de ce coffre aux merveilles ; tu y découvriras les écrivains qui comptent. Ce sera l'un des plus beaux cadeaux que nous puissions te faire.

Je forme des vœux pour que les parents de toutes les petites filles et de tous les petits garçons fassent de même. C'est ce qui pourrait nous arriver de mieux à tous.

Lettre 3

Ma petite filleule,

Je veux t'apprendre ici dans quelles circonstances précises je suis devenu ton parrain. Quelques mois avant ta naissance, je suis allé voir avec ta mère et quelques amis fidèles les débuts d'une pièce remarquable au théâtre du Lucernaire : *Kessel ou la liberté à tout prix*. À nos yeux, le titre était déjà tout un programme… Kessel fera partie des livres que je mettrai très vite entre tes mains, avec Gary, Malraux, Saint-Exupéry, Conrad, Greene, Cendrars, Hemingway, Lawrence d'Arabie et beaucoup d'autres pour les plus récents ; sans oublier celui qui nous est le plus cher à ta mère et moi : Nikos Kazantzáki. Son chef-d'œuvre a pour titre *Alexis Zorba* ; c'est l'un des plus grands romans de la littérature mondiale. À lui seul il devrait être un guide pour la jeunesse – comme il l'a été pour moi lorsque j'avais quinze ans, l'âge que tu dois avoir en ce moment en me lisant.

Le metteur en scène et créateur de la pièce, Mathieu Rannou, est de nos camarades et nous étions venus le soutenir. Ce fut un grand moment d'émotion et d'exaltation. La représentation terminée, nous avons tous pris place dans le restaurant du théâtre, attablés coude à coude dans une atmosphère joyeuse et insouciante. Nous buvions, mangions, heureux de vivre, lorsque, soudain, ta mère a demandé le silence et m'a lancé ces quelques mots aussi simples que directs : « Patrice, je voudrais que tu sois le parrain de ma fille. » Avant même que je puisse répondre quoi que ce soit, nos amis se sont réjouis. Anne-Laure Heugel a lancé : « Depuis longtemps tu étais l'élu, Patrice. Tout était prémédité. » Et Katell Faria a ajouté en paraphrasant ironiquement le sous-titre de l'un de mes livres : « Tu seras un parrain de combat pour temps de désarroi… »

Que ta mère m'ait choisi me faisait honneur et je lui en étais reconnaissant, mais cela m'inquiétait aussi. Je ne suis plus à l'âge où l'on prend ces choses à la légère. J'ai déjà deux filleuls qui importent pour moi : Hana, la petite-fille de Gulmakaï et du commandant Mohamed Amin Wardak dont j'ai été le compagnon d'armes en Afghanistan au cours de la guerre contre l'Union soviétique, et Solon, le fils d'Isis et Olivier Archambeau qui m'a succédé à la tête de la Société des explorateurs français. La première a déjà dix ans, le second six. Tu es la troisième – et je crois bien que tu seras la dernière. En m'adressant à toi, je vais m'adresser aussi à ces deux autres filleuls, à mes propres enfants, bien sûr, et en vérité, à tous les garçons et filles de ton âge, où qu'ils se trouvent de par le monde. Tu deviendras ainsi à mes yeux leur incarnation, leur image palpable et émouvante. Dans mon esprit, tu seras leur représentante.

Pour répondre à ta mère, j'ai posé ma main sur son ventre arrondi et, très ému, j'ai simplement dit : « Bien sûr, je serai fier d'être le parrain de ta fille. »

Lettre 4

Ma chère filleule,

Avec ta mère, nous avons pris l'habitude de te promener dans Paris, souvent place de la Contrescarpe où nous avons des souvenirs, parfois vers la rue des Saints-Pères où se trouve l'éditeur de ce livre. Par un après-midi d'hiver, quelques jours après la panthéonisation de Manouchian et de sa femme Mélinée – tu avais à peine quelques mois –, ta mère m'a dit : « J'aimerais voir leurs tombes, Patrice ; emmenons la petite au Panthéon. »

Une heure plus tard, nous y étions ; nous savions à peu près à quoi nous attendre, pourtant, d'une certaine manière, ce fut un choc : par la solennité des lieux, nous touchions du solide dans une société devenue liquide. Je te raconterai cela un jour de vive voix, mais j'avais soudain l'impression d'échapper comme par magie aux temps post-héroïques dont nous devons nous accommoder aujourd'hui. Nous retrouvions ce que nous avions su être et n'étions plus.

Ce qui nous frappa ensuite, avec ta mère, fut cette phrase inscrite dès l'entrée de l'exposition consacrée à Manouchian et ses compagnons : « VIVRE À EN MOURIR. » C'est l'une des plus belles formules que j'aie jamais lues pour proclamer la puissance que l'on se doit de donner à l'existence en choisissant les routes importantes à prendre.

Je veux te rappeler ici le contexte de l'époque. Au cours de la Seconde Guerre mondiale, Manouchian et ses compagnons appartenaient à la Résistance française et ont payé le prix fort pour leur engagement. Étrangers devenus « Français par préférence », ils sont allés au bout de leurs convictions et, si tu veux mon sentiment, c'est ainsi qu'il faut agir en toute circonstance, quoi que l'on fasse dans la vie et quel qu'en soit le coût. Telle est la leçon universelle que nous donnent ces Résistants, par-delà le temps écoulé.

Il y avait aussi sur un panneau ce petit texte extrait d'un des carnets de Manouchian, daté d'avril 1929 : « *Indispensable comme l'alimentation quotidienne, je dois chaque jour nourrir ma pensée et mon âme de savoir et de poésie.* » C'est une autre leçon de ce personnage d'exception et elle me semble tout aussi capitale ; dans d'autres lettres, je t'entretiendrai de ces nourritures de l'âme si nécessaires aux hommes.

Puis nous sommes arrivés devant les deux caveaux de ce couple fusionnel qu'ont été les Manouchian. Ils sont dressés près de ceux de Maurice Genevois et Joséphine Baker que nous te ferons aussi connaître un jour, tant ils étaient faits du même bois que les héros de la Résistance. Ta mère, alors, a prononcé cette phrase remarquable : « Tout ce qu'on vient de voir, Patrice, c'est la normalité. »

Le plus important était dit.

J'ai pris quelques photos au cours de cette visite. Elles t'attendent sagement dans tes affaires, mais ne vieilliront pas avec le temps. Tu les regarderas le jour où tu liras ces lignes ; alors, tu sauras toi aussi ce qui compte dans l'existence et ce qui compte moins. Tu comprendras que l'enseignement du couple Manouchian et de leurs camarades peut se résumer à un message aussi simple qu'essentiel : la valeur suprême qui irrigue toutes les autres pour leur donner sens, s'appelle liberté. Sans elle, rien ne vaut : ni égalité, ni fraternité, ni quoi que ce soit.

Cette liberté chérie est devenue optionnelle de nos jours, tu t'en apercevras avec étonnement dans quelques années. Je suis certain que tu t'en désoleras comme moi, car c'est un autre des grands abandons qui minent notre société. En dépit de cette pente fatale, je t'engage à ce que cette idée de liberté devienne le cœur de ta vie personnelle et surtout le noyau dur de ton monde intérieur. Elle seule peut lui fournir sa substance, son exaltation, sa joie. Amputée d'elle tu serais dépourvue de la volonté de servir autre chose que toi-même ; or, cette volonté est l'une des grandes ambitions humaines.

La liberté, ma chère filleule, te donnera la grandeur d'âme qui met au-dessus de toutes les bassesses et des maux de cette Terre, elle te procurera un irréductible goût de vivre, elle nourrira ton libre arbitre, ton esprit critique. Avec elle, tu seras maître de ton regard sur les choses et maître de toi-même, découvrant ainsi, et peu à peu, que le secret du bonheur ne se situe jamais dans la quête éperdue des biens matériels, mais dans l'adéquation constante entre ce que l'on pense et ce que l'on fait. Toujours, alors, tu refuseras de vivre au rabais, de te contenter de miettes d'existence. Tu n'auras qu'un désir : vivre entièrement et sans délai, au pas de charge, voulant faire de chaque seconde une vie entière. Cette volonté te sera naturelle et te soutiendra dans les épreuves.

Ton monde personnel ainsi construit pourra alors porter le nom que lui donnaient les grands philosophes de l'école stoïcienne qui me sont chers : citadelle intérieure. Dès lors, peu de tourments pourront t'atteindre. Tu souriras à l'infortune comme à l'adversité et tu ne seras en rien démoralisée par le constat du flux perpétuel et insaisissable des choses ; que tout naisse pour mourir et que tout coule entre nos mains – cette grande peur des hommes – ne pourra t'effrayer. Quoi que tu entreprennes tu ne seras pas tentée de dire : c'est en vain. Tu iras sur ta route et voilà tout, seule et solitaire s'il le faut. Comme Marc-Aurèle, tu seras « semblable au promontoire contre lequel se brisent continuellement les flots » – et parce que tu seras bien construite, tu pourras bien construire autour de toi.

J'en profite pour te transmettre ici une maxime d'énergie ; elle a été écrite jadis par l'un des prédécesseurs de Marc-Aurèle dont je mettrai un jour les livres entre tes mains :

« Être libre ou se reposer, il faut choisir. »

Cette injonction n'a jamais vieilli au cours des siècles. Que le repos soit une simple éventualité pour toi, comme pour tous les enfants auxquels je m'adresse. C'est la clef d'une existence pleine et entière. Il adviendra, cependant, que le destin te soit contraire. N'en sois pas inquiète ; chaque fois, tu pourras affirmer, comme ta mère l'a écrit : « Alors qu'au-dehors nous paraîtrons vaincus, au fond de nous-mêmes nous serons vainqueurs, car l'ennemi qui avait franchi la palissade a échoué sur la deuxième ligne des fortifications de notre âme. »

Lettre 5

Ma chère filleule,

Tout au long de ta vie il te faudra fournir bien des efforts pour sauvegarder le monde intérieur que tu auras bâti et structuré par ta volonté farouche de vivre en liberté. La société qui vient fera beaucoup pour le détruire ; l'un de ses travers est de vouloir empêcher par mille séductions factices toute intimité et toute vie privée. Pour te protéger, je te conjure – tant c'est important – de t'engager tout d'abord dans un choix des plus simples, déjà évoqué dans mes lettres précédentes, et qui illuminera ta vie : donne la préférence aux biens immatériels de l'esprit – ceux que nul ne pourra t'arracher – plutôt qu'aux biens matériels du corps – ceux que l'on pourra t'ôter à tout instant. Tu me croiras sans peine lorsque tu t'apercevras combien les hommes qui agissent à l'inverse en s'épuisant à devenir riches sans jamais se consacrer à l'état de leur esprit, passent à côté de ce qui importe véritablement.

Il te faudra ensuite une cuirasse pour te défendre. Elle porte un nom connu mais que toujours il faut rappeler : le courage. C'est ce que nous enseignent aussi Jean Moulin, André Malraux, Fred Scamaroni et bien d'autres personnages de notre histoire. Fais-en tes modèles si tu veux bien, et laisse au bord de la route ceux que les modes et leur consumérisme te proposeront.

La nature du courage est complexe et je ne veux pas encombrer cette lettre de considérations trop philosophiques, quoique je sache que tu me liras à l'âge requis pour tout comprendre. Je peux au moins t'affirmer qu'il ne faut jamais séparer courage physique, intellectuel et moral. Le tiers du courage n'est pas le courage. Il doit être un et indivisible ; quand tu devras juger du courage de quelqu'un, prends bien en compte ces trois dimensions, parce que tu rencontreras des gens courageux physiquement mais pleutres dès qu'il faut exprimer des idées dérangeantes, et d'autres qui ne craindront pas d'exprimer ces idées mais n'auront pas la hardiesse de les défendre physiquement.

Tes parents et moi t'enseignerons ce courage complet dès tes premiers pas. Il aura une autre fonction également : forger ton caractère par les épreuves. Ce sera parfois difficile, mais il s'agit d'un chemin nécessaire à emprunter, car celui qui est dépourvu de caractère est comme une forteresse sans fondations, quelles que soient ses qualités. Quoi que tu entreprennes avec quelqu'un, songe à bien t'assurer qu'il a le caractère requis pour affronter les difficultés de votre entreprise.

Pour terminer cette lettre, il me faut te préciser autre chose : il existe une face sombre du courage. Il lui arrive de s'égarer sur des routes incertaines ; j'ai connu bien des hommes qui utilisaient leur courage pour produire du mal. Voilà pourquoi je te dis que le courage est en lui-même insuffisant à conduire une vie pleine et entière – et surtout fertile. Il faut lui ajouter une autre qualité qui prend sens avec lui et le guide dans une juste direction : la générosité – celle qui ne fait jamais ses choix en calculant les gains et les pertes.

Si tu veux mon avis, courage et générosité constituent le couple d'action le plus puissant qui soit pour agir en ce bas monde afin de le rendre meilleur. Le courage te protégera de toutes les craintes, et la générosité t'apprendra l'essentiel : ce que l'on retire de la vie est à l'exacte mesure de ce que l'on y met. Donner peu c'est recevoir peu. Donner beaucoup c'est recevoir beaucoup.

Lettre 6

Ma chère petite,

Dès ma première lettre, je t'ai affirmé que la société dans laquelle tu viens d'entrer est malade ; elle est même percluse de rhumatismes comme un vieux corps fatigué ; je ne voudrais pas assombrir ton regard futur, mais il faut être honnête avec les enfants, ne rien leur cacher, et ne jamais les tromper. C'est ainsi que tu agiras quand tu auras toi-même des enfants, je n'en doute pas.

La vérité m'oblige donc à t'apprendre que ces maladies existent ; cependant elles ne sont en rien irrémédiables, même si elles se trouvent aggravées par le déclin de notre volonté collective de vivre libre ; tout part de cette faiblesse et tout y revient. Ton pays est dépressif comme on le dit d'un être qui a perdu ses repères, ne croit plus en lui et dépérit. Tu es trop jeune encore pour que j'insiste sur la nature des maux dont nous sommes accablés. Je te laisserai les découvrir par toi-même et peu à peu. Il y a un temps pour tout. Tu ne t'étonneras guère alors que l'époque porte au pessimisme, mais cela ne devra jamais t'ébranler. Au contraire. Contre le pessimisme du constat, tu opposeras l'optimisme du combat. Je t'enseignerai cette façon de voir exaltante, car c'est ainsi qu'il est possible de défier le destin quand il va de travers.

L'espoir de voir notre société remonter la pente est vif dans mon âme ; je suis certain qu'il le sera dans la tienne. Le meilleur adviendra si la génération à laquelle tu appartiens décide d'inverser le cours des choses. D'ailleurs, pourquoi ne serais-tu pas de ceux qui favoriseront ce sursaut magnifique ? Participer au sauvetage du pays où tu viens de naître ne serait-il pas une splendide mission ? N'oublie pas que dans les conseils de mes deux premières lettres, il y a l'idée de toujours se dévouer pour des choses plus grandes que soi – et ainsi s'accomplir pleinement.

Si tu agis en ce sens, fais-le toujours comme si la victoire était certaine, sans hésiter et sans trop douter ; l'hésitation, crois-moi, est une affection des individus inachevés, et il faut faire du doute un usage modéré si l'on veut progresser sur des routes difficiles ou quand les circonstances l'exigent. Si tu suis ces recommandations, n'aie aucune crainte quant à ton succès final.

En résumé, tout ce que je t'ai dit dans cette lettre avait pour objectif de faire naître dans ton cœur le désir de « servir à quelque chose » – pour toi comme pour les autres.

J'espère être parvenu à te convaincre, car là se situe l'un des suppléments au bonheur.

Lettre 7

Ma petite filleule,

Parfois ta mère me fait songer à celle de Romain Gary dans *La Promesse de l'aube.* C'est ainsi qu'elle se voit souvent, elle me l'a dit – mais en moins rude, je te rassure... Je ne trahirai pas ses secrets, mais elle a pour toi de nobles et hautes ambitions – ce qui est sans doute le désir de tous les parents. Avec ta mère, cependant, ce désir est à la hauteur de ce qu'elle est elle-même : énergique.

Comme moi, elle veut éviter que dans l'avenir tu vives au hasard et sans buts, ainsi que le font les feuilles d'arbres emportées n'importe où par le vent lorsqu'elles tombent. Elle a raison ; pour ne pas se perdre en chemin, il est nécessaire de savoir d'abord où l'on veut aller, c'est une évidence. Il faut avoir un but, si tu préfères. Une précision, toutefois, si tu veux bien m'écouter : quoi que tu choisisses de faire plus tard avec le libre arbitre qui sera le tien et que nous aurons nourri, sache que les vrais buts sont ceux que l'on poursuit pour eux-mêmes et non en vue d'autres buts. Beaucoup de tes semblables doivent malheureusement chercher un travail pour simplement se nourrir, au détriment de ce qu'ils auraient vraiment voulu accomplir ; c'est ce que je veux dire par choisir un but en vue d'un autre.

Seuls les vrais buts te permettront de trouver ta propre fin en toi-même et de n'être personne d'autre que toi-même. Il faut certes chercher à sortir de la vie meilleur qu'on y est entré, comme je te l'ai déjà affirmé, mais tu peux faire davantage si tu le décides.

Pour tes buts futurs, il te faudra décider entre deux voies possibles, ma chère filleule : faire carrière ou choisir un destin. Le choix du destin a ma préférence, tu t'en doutes bien maintenant que tu me connais mieux, mais prendre ce chemin est aussi ardu par nécessité qu'exaltant par essence, tu dois en être consciente. C'est une voie qui tente de s'élever modestement mais sûrement au-dessus des choses humaines – ces choses éphémères aux valeurs instables – pour créer des valeurs nouvelles ;

d'une certaine manière, c'est « Déplacer la Lune de son orbite », comme l'affirme le titre d'un livre de ta mère.

Tu décideras par toi-même du but de ta vie, du métier qui te conviendra, mais dans tous les cas le secret de ta réussite tiendra dans ta capacité à tout jeter dans la balance, sans calcul et sans esprit de recul. C'est un conseil quelque peu périlleux que je te donne là, mais très avisé, crois-moi. Et plutôt stimulant, tu ne penses pas ? Ceux qui t'entoureront diront : « Tu prends trop de risques ! Fais comme tout le monde ! » N'écoute pas ces conseils de prudence exagérée et réponds plutôt – comme tes parents et moi te l'aurons enseigné – que le refus du risque est un crime contre la vie féconde et l'acceptation du risque une preuve d'amour donnée à cette même vie féconde.

Si tu choisis un destin plutôt qu'une carrière, ce sera pour laisser quelque chose derrière toi – le fruit de ton passage sur Terre, ce qui est encore un supplément au bonheur.

Lettre 8

Ma chère petite,

Je m'aperçois avec étonnement – et un certain bonheur – que plus je t'écris, plus grandit ma tendresse pour toi ; je te connais pourtant depuis quelques mois seulement. Je ressens même l'étrange paradoxe de mieux te découvrir au fur et à mesure de mes lettres, alors que nous n'échangeons que des sourires. Je suis certain, d'ailleurs, que tu souriras encore plus à l'âge où tu me liras, m'imaginant penché sur ton berceau quinze ans plus tôt...

Dans l'immédiat, cette intimité en train de naître me pousse à t'entretenir du bien le plus précieux que la vie t'a accordé au jour de ta naissance : le temps. Il coule pour ne jamais revenir et tous les hommes sur Terre s'en désolent ou s'en effraient.

Je vais tenter de faire en sorte que tu ne ressentes ni cette désolation ni cet effroi ; si j'y parviens, tu maîtriseras autant qu'il est possible cette fuite du temps, et tu feras de ce dernier ton allié et non ton adversaire.

Quand tu prendras connaissance de mes lettres, tu te rendras compte combien les hommes gaspillent avec étourderie ce temps si précieux. En se levant chaque matin, ils ignorent ce qui demeure encore dans leur sablier mais le dispersent sans considération. Ce sont les mêmes hommes qui prennent plus soin de leur corps que de leur esprit, et cherchent davantage à améliorer leur fortune qu'à s'améliorer eux-mêmes. Ceux-là préfèrent perdre un temps qui ne se peut jamais récupérer, plutôt que de l'argent qu'il est toujours possible de retrouver. C'est folie, n'est-ce pas ? Je suis certain que tu penseras bientôt comme moi.

Ainsi, quoique améliorer sa fortune ne dépende guère de nous – l'impuissance extérieure dont je t'ai parlé – et que s'améliorer soi-même ne dépende que de nous – notre puissance intérieure –, rares sont ceux qui font le bon choix.

Jeter le temps par la fenêtre, se le laisser dérober par d'innombrables fâcheux, le dilapider pour des choses frivoles ou sans importance, est la grande faute que tu pourrais commettre contre toi-même. Garde-t'en comme du pire des maux. Et souviens-toi que l'unique peur que tu devras connaître dans l'accomplissement de ta destinée sera de ne rien faire du peu de temps que la vie t'a concédé avant de te le retirer. N'est-ce pas une façon réjouissante de voir les choses ?

L'un des grands penseurs que je te donnerai un jour à lire l'a déclaré une fois pour toutes : la fonction du temps est d'user puis de détruire. Pénétrée de cette vérité, tu en feras une force et non une faiblesse, car on peut parvenir à rendre le temps malléable ; je t'apprendrai même comment il est possible de l'étirer, tel un élastique.

Aussi longtemps que je serai avec toi, je t'enseignerai à t'opposer à l'esprit comptable qui abîme les hommes – tu l'as déjà deviné dans mes lettres précédentes, pas vrai ? Cependant, je m'amuserai souvent à te dire que le temps est la seule chose méritant d'être comptée et le seul bien envers lequel il est impératif de se montrer avare. Je suis certain que tu t'en amuseras aussi…

Autre chose : quand tu entendras la modernité t'enjoindre de vivre au présent pour profiter de l'instant, refuse poliment cette sommation futile. Il faut faire mieux : vivre dans les trois temps réunis, passé, présent et avenir. Au début, tu comprendras sans doute mal ce que je veux dire. Puis, tu t'apercevras que vivre seulement dans le passé – comme le font certains – c'est mourir ; vivre seulement dans le présent – ainsi que s'y emploient la plupart des gens – c'est jouir de choses fugaces ; et vivre seulement dans l'avenir – comme d'autres encore – c'est se perdre par avance. L'image allégorique de l'arbre peut t'aider à comprendre comment tu pourras te déployer dans les trois temps si tu veux bien m'écouter : ses racines ancrées dans le passé lui fournissent sa substance, son tronc se nourrit de cette substance pour affronter le présent, ses branches poussent vers le ciel en dessinant l'avenir de leur choix.

Vivre dans les trois temps te demandera beaucoup d'efforts intellectuels ; toutefois, tu le verras, c'est à la portée de tout le monde. Par cet exercice tu identifieras comme des synonymes existence et pensée, et ce sera pour toi une grande découverte. Par conséquent, refuse d'écouter ceux qui prétendront qu'il est impossible de vivre le passé et l'avenir au même instant que le présent ; ils n'ont jamais essayé, craignant trop les dangers d'une telle aventure.

Tu ne te priveras donc en rien de la présence constante en toi du passé et de l'avenir, car de la vie dans les trois temps tu tireras des forces jamais vues et une puissante sensation d'exister. Tu pourras être à la fois toi-même et une autre ; plus encore, tu seras comme un trait d'union entre le passé et le futur.

Lettre 9

Ma chère filleule,

Avec ta mère, nous t'avons promenée hier sur les berges de la Seine, au cœur du printemps prenant sa place dans l'écoulement des saisons. C'était comme une fête et, dans mon jardin, la veille, le cerisier était déjà en fleur. Tout cela me donne envie de t'écrire aujourd'hui à propos d'un certain nombre de choses ayant trait à la beauté de la vie et à celle des relations humaines. En la matière, je ne place rien au-dessus de l'amour et de l'amitié, et j'espère qu'il en sera de même pour toi lorsque tu liras ces lignes.

L'amour est une chose si enivrante qu'il me semble trop tôt pour t'en entretenir en profondeur, même si tu es déjà une adolescente ; je vais me limiter à l'essentiel. Le reste viendra au moment requis ;

ta mère te sera alors d'un plus grand secours que moi, il me semble.

Ce que tu dois savoir avant tout, c'est que l'amour relève par essence d'un mystère insondable en soi, puisqu'il mène à la fusion de deux êtres que rien ne prédestinait à n'en constituer qu'un seul. Il y a dans ce mystère quelque chose de bouleversant et d'inexplicable, mais qu'il ne faut jamais craindre, comme le font souvent les indécis. Le courage d'aimer est une force de l'âme, sois-en sûre, quels que soient le prix à payer et le tumulte qu'engendre souvent l'amour.

Ce dernier peut naître d'un coup ou prendre du temps pour émerger ; un jour, tu connaîtras l'un ou l'autre. Dans tous les cas, cependant, l'amour demeure cette énigme radicale ; il est une transcendance si unique et émouvante, une clameur intérieure si profonde, que tomber amoureuse sera ce qui pourra t'arriver de mieux. Tu le verras, aimer véritablement c'est vivre deux fois – et peut-être même sans limites. Car pour l'amour, les limites sont des prisons.

L'amitié est tout aussi insondable d'une certaine manière. Mais cherche toujours l'amitié de ceux qui le méritent. Cela t'offrira des joies de l'esprit dont tu n'as pas encore idée. Et si un jour tu considères que la vie t'a offert autant d'amis que tu as de doigts sur les mains, considère-toi comme bénie des dieux. Les gens sérieux ont très peu d'amis, tu sais. Disposer d'un nombre illimité de camarades, copains, collègues, est une chose toute différente. L'air du temps confond ces degrés de relations et leur signification profonde. Ne commets jamais cette erreur, je t'en prie.

L'amitié véritable est une relation entre égaux qui s'entretient tout au long d'une vie. Sans nourriture constante, l'amitié dépérit. Tu discerneras la naissance de l'amitié à « l'intuition sans explication » qui te poussera vers une personne en particulier lors d'une première rencontre, qu'elle soit fortuite ou non. Cette intuition sera confirmée ensuite par les goûts et les idées que tu partageras avec cette personne et qui permettront votre compréhension mutuelle. De là naîtra graduellement ce qui compte le plus dans cette relation : l'estime réciproque conduisant à l'admiration et au respect. Les vraies amitiés se fondent sur cette estime, cette admiration et ce respect. Ce par quoi elles deviennent au long cours.

Le véritable ami, ma petite filleule, sera celui d'où viendra le secours quand te frapperont l'infortune et l'adversité. L'ami sera celui qui refusera de compter ce qu'il t'offre pour te venir en aide et ira jusqu'à risquer sa vie pour toi – et davantage si nécessaire. Là se situe le signe de reconnaissance de ce que l'on peut appeler l'amitié pleine, entière, et sans restriction. Ainsi, la mise à l'épreuve sera le seul moyen dont tu disposeras pour faire le tri entre tes vrais amis et les autres. Pour les premiers, s'il te plaît, conduis-toi comme eux s'ils t'appellent à la rescousse. Pour les seconds, tu pourras te dispenser de toute chose.

Je vais m'arrêter là car il me faudrait un livre entier pour te donner une idée de l'intensité que peuvent revêtir l'amour et l'amitié. Sache juste pour finir ce que les adultes apprennent vite : pour reconnaître l'amour, le manque produit par l'absence de l'être aimé est un signe qui jamais ne trompe.

Lettre 10

Ma chère petite,

Je t'ai vue avant-hier, vive et joyeuse dans ton berceau, souriant puissamment à tout ce qui t'entourait. J'ai éprouvé le sentiment que du sang chaud coulait dans tes veines ; alors, je t'ai murmuré, penché vers toi : « Fais en sorte, ma filleule, que ce sang chaud jamais ne se transforme en un liquide trop tiède avec le passage des années. Cette menace guette chacun de nous, mais il est aisé de lui tenir tête en décidant très tôt d'une posture quasi spirituelle : ne jamais refroidir avec l'âge. Tel est l'un des secrets de la jeunesse. C'est un précepte que je te lègue ici. »

Ce que je t'ai déclaré ce jour-là représente à mes yeux quelque chose de valable en tout temps et en tout lieu pour tout le monde. Cet universel s'adresse à tous les petits garçons et petites filles qui naissent aujourd'hui de par le monde et qui seront tes compagnons futurs. Je souhaiterais que tous entendent ce secret de la jeunesse.

Cela m'incite à te faire part maintenant de divers écueils dont tu devras te garder dans quelques années. Te guider dans les méandres de la vie est difficile lorsqu'il faut aborder la face sombre des hommes et du monde, mais je me refuse à escamoter cette nécessité. Ce serait te trahir en falsifiant le réel.

Tu devras d'abord te méfier de ceux que j'appelle les faux-monnayeurs. Ces gens-là produisent une contrefaçon de tout ce qui existe : sentiments, idées, projets, nouveautés, rien ne leur échappe. Ce sont les champions de l'inversion des valeurs, des maîtres de l'illusion capables de détourner de leur sens toutes les valeurs existantes. Tu les rencontreras partout, mais tu sauras les reconnaître grâce à ce que tes parents et moi t'auront enseigné. Ce sont eux qui, par exemple, voudront t'inciter au divertissement généralisé qui hante nos sociétés et pousse les hommes à amputer le temps qu'ils devraient consacrer à penser, réfléchir, agir, dialoguer avec eux-mêmes comme avec les autres.

Tu ne pourras pas grand-chose pour échapper au fléau des faux-monnayeurs et tu souffriras sans doute de ton impuissance à réduire la séduction du divertissement qui prolifère autour de toi. Il déploie des forces infinies pour nous pousser à nous « distraire » des choses fondamentales et nous convaincre de nous dispenser de tous les efforts – jusqu'à nous épargner le plus pénible d'entre eux : penser par nous-mêmes. D'après toi, à quoi cela mène-t-il ? À faire de nous de bons animaux domestiques entre les mains des maîtres du futur, si tu veux mon avis.

Au moins, grâce à ton monde intérieur, tu pourras résister à l'idée de te « distraire » outre mesure – il faut ce qu'il faut, rien de plus – et tu sauras quoi déclarer aux faux-monnayeurs qui cherchent à te détacher de l'essence des choses par l'ensorcellement de l'insignifiance ; celle-ci conduit au chaos des esprits et des âmes, comme tu t'en apercevras vite. Ta vie ne doit pas être une cour de récréation perpétuelle. Tu traverserais l'existence sans apprendre et sans comprendre. Dispense-toi des connaissances inutiles et travaille à ce que ta capacité de concentration soit la plus grande possible ; fais-en l'une de tes forces. Sois inflexible avec toi-même pour démultiplier tes capacités d'action.

Si tu souhaites, comme je t'y ai engagée, que les choses de l'esprit prennent en toi la place qu'elles méritent, évite de saturer ton âme de l'inutile et du frivole, choisis soigneusement la façon de te distraire et ne mets jamais cela au centre de ta vie. Les vrais voyageurs mènent leur course dépouillés du superflu ; ils emportent le nécessaire, préférant la sobriété à la surcharge. Tu connaîtras là une autre des joies profondes de l'existence.

Si tu te laisses transporter dans le manège enchanté du divertissement et de tout ce qui l'accompagne, tu ne pourras ni agir véritablement ni créer quoi que ce soit ; tu pourrais même négliger tes buts.

Souviens-toi que celui qui n'agit pas n'existe pas.

Lettre 11

Ma chère filleule,

Je veux t'offrir dans cette lettre l'un des secrets de la vie puissante et féconde qu'il me semble avoir découvert au fur et à mesure de mon existence tumultueuse. Je dois ce secret – et bon nombre des conseils que je t'ai donnés jusqu'ici – à un personnage assez énigmatique : Toshiro Isogushi. C'est un philosophe japonais que je n'ai pas eu la chance de rencontrer, hélas ; il a disparu depuis longtemps à ce que l'on raconte mais, par le plus grand des hasards, j'ai eu entre les mains les cours qu'il donnait à un cercle d'initiés des années plus tôt dans une province reculée de son pays. Ces textes me sont parvenus après une suite d'événements rocambolesques, et j'essaie d'en faire bon usage pour la conduite de ma propre vie. En te faisant partager les enseignements de cet homme remarquable, je fais œuvre de transmission et j'en suis heureux. Plus tard, j'espère que tu agiras de même avec tes enfants.

Voici de quoi il s'agit : ce qui manque à nombre de tes semblables, c'est d'avoir décidé un jour, de leur propre volonté, quelles seraient les choses qu'ils pourraient considérer comme sacrées dans la brièveté de leur passage sur Terre. Ils ignoraient que ce choix est l'une des manières permettant de ne plus cheminer au hasard dans la vie.

Ces propos te semblent sans doute étranges. Si tu continues à me lire, tu verras qu'ils s'éclairciront au fur et à mesure. Tout d'abord, sache qu'en employant le terme de sacré, je ne conçois rien de religieux – il s'agit là d'une autre affaire dont tu jugeras la pertinence en ton âme et conscience le temps venu. Le sacré dont je te parle ne concerne en rien des choses supérieures ou inatteignables, encore moins ce qui se rapporte aux idéologies ; il concerne les sujets du quotidien, ceux qui sont à ta portée et dont tout le monde peut s'emparer.

Pour exister pleinement et savoir où diriger ta vie, je t'encourage à décider des deux ou trois choses qui, pour toi, vaudront d'être défendues sans hésitation et jusqu'à affronter pour elles les plus grands périls. Cela te construira davantage que n'importe quoi et démultipliera ta liberté comme ta puissance de vie – tu t'en rendras compte à l'usage ; ton élan vital en sera également renforcé, tout comme le sens et la valeur de ton existence.

En temps et en heure, ma chère filleule, choisis par toi-même ces choses sacrées ; ce peut être ta famille, l'art, la littérature, ton pays, la démocratie, autre chose encore, peu importe en réalité... Il faut juste que tu établisses la liste de ces objets précieux entre tous. Toutefois, ce qui fait qu'ils deviendront sacrés ne proviendra pas de ces objets eux-mêmes mais de l'intensité de l'amour que tu leur porteras. Si tu les aimes jusqu'à décider qu'ils valent de tout risquer pour eux, le sacré surgira ; si tu les aimes insuffisamment, il ne pourra surgir. C'est dans la possibilité ou l'impossibilité d'engendrer du sacré que se trouve une part du bonheur ou du malheur des hommes, sois-en certaine. Quand ce bonheur émerge chez quelqu'un, il fait naître en lui le désir fertile de se consacrer à des choses servant la communauté de ses semblables.

En résumé, la valeur absolue d'un être humain dépend du choix des choses sacrées qu'il a su faire siennes. Je t'engage à suivre cet avis.

Beaucoup de ceux qui t'entoureront ne te comprendront jamais, mais tu refuseras d'en être affectée. Car ceux qui auront saisi le sens de ta démarche diront de toi, j'en suis persuadé : « Voilà une femme libre puisqu'en se dépensant sans compter pour les choses qui lui sont sacrées, elle bâtit des ponts entre ce qui valait dans le monde d'hier et ce qui vaudra toujours dans le monde de demain. »

Tu pourras même affirmer à ceux qui se plaignent de voir la vie dépourvue de sens qu'ils ont, en vérité, une chance sans nom ; tu leur expliqueras qu'il n'y a pas de monde plus enviable que celui dénué de sens originel puisqu'en inventant du sacré ils peuvent remplir le vide de ce monde à leur gré, lui donner le sens de leur choix.

Et tu pourras même ajouter que c'est aussi cela que l'on peut appeler : liberté.

Lettre 12

Ma petite filleule,

Concernant la liberté, je veux te faire part dans cette lettre de quelques conseils concernant le rapport que tu devras entretenir avec elle ; ce rapport consistera certes à vivre à ta façon et comme tu l'entends, mais s'il n'a pas aussi pour fondement le souci des autres – autant que faire se peut, ce qui est chose difficile – on ne pourra jamais dire de toi que tu es véritablement libre. Ce serait comme si tu te mettais à agir et penser en fonction de l'air du temps.

Les gens dont on peut dire qu'ils sont incontestablement libres sont ceux qui se préoccupent de la liberté de leurs semblables. Veiller à ne défendre que sa propre liberté est avarice. Y ajouter celle de la foule des inconnus qui peuplent la Terre est générosité. Tu t'apercevras vite que les humains sans cœur protègent leur seule liberté et leurs seuls intérêts – ce par quoi ils quittent la vie moins bons qu'ils n'y sont entrés. Ne les imite jamais.

C'est pourquoi, en tant que femme libre, tu auras le souci de la liberté des autres. La conscience de faire partie d'un ensemble doit t'habiter et t'obliger. De cette conscience, tu devras faire surgir une autre préoccupation : te demander avant chacun de tes actes, non s'il est bon ou mauvais comme l'enseignent les vieilles morales, mais quel genre d'homme il favorisera. Ce sera pour toi une route plus sûre et heureuse si tu veux discerner le bien et le mal de tes actions. Tu pourras ainsi te lever chaque matin avec le sentiment exaltant qu'il est entre tes mains, par ce que tu feras ce jour-là, de réduire le mal contenu dans le monde.

Dans ce souci du bien public, ne crains pas de penser à l'inverse du plus grand nombre, d'aller à contre-courant, de naviguer contre vents et marées – d'être seule. Ce sera une solitude de grandeur.

Lettre 13

Ma chère petite,

L'émotion est devenue la grande prêtresse du monde comme tu commences à t'en apercevoir, je pense. Je voudrais te convaincre de te détourner de cette voie car c'est la raison et non l'émotion qui nous permet de penser et d'agir au mieux.

Naturellement, l'émotion et tout ce qui la concerne sont choses belles, ne crois pas que je conteste cette évidence ; l'émotion artistique et l'émotion amoureuse n'ont pas de prix – sans elles nous serions diminués d'une part de nous-mêmes. Pourtant, l'émotion doit se cantonner à la place qui lui revient, sinon tout tourne de travers ; observe autour de toi ce qui ne va pas en te demandant si ce n'est pas faute d'avoir laissé libre cours aux passions au lieu de les maîtriser par la raison.

Je t'assure que la raison doit tenir l'émotion en laisse, et non l'inverse. Il est impossible, sinon, d'en faire un couple harmonieux. C'est chose difficile car l'émotion est sans effort et la raison effort constant, mais il le faut. Sans quoi, rien ne peut nous conduire à la notion si importante de vérité. C'est là que je voulais en venir.

Le relativisme domine et le goût pour la vérité s'étiole. C'est l'une des maladies graves qui nous affectent. Si tu analyses bien les choses, tu aboutiras à la conclusion que cette préférence pour le relativisme exonère de tout effort et conduit à se laisser envahir par l'idée paresseuse qu'au fond tout vaut tout. Si tu allais toi aussi sur cette pente glissante, tu en viendrais à ne plus exercer à chaque instant ta liberté de jugement pour discerner le vrai du faux, le beau du laid ou le bien du mal ; tu ne pourrais plus juger ce qui vaut et ce qui vaut moins. Tu serais dans l'indistinction constante.

Ma chère filleule, la quête de la vérité par l'exercice de la raison a été au fondement de notre civilisation ; c'est ce qui a permis l'essor de la science à laquelle nous sommes tant redevables en dépit de ses travers. Sois certaine de deux choses : la première est que la vérité existe, la seconde est qu'elle est toujours difficile à découvrir – voire impossible à trouver. Cela n'empêche en rien son existence. Ôte un jour de toi la certitude de la vérité et c'est la ruine immédiate de toute éthique que tu pourrais fonder. Saurais-tu vivre alors de la manière dont je te parle depuis ma première lettre ?

Je pourrais te citer bien d'autres cas où la négation de la vérité produit des résultats déplorables. C'est pourquoi, je t'engage dès à présent à chercher partout la vérité, à la chercher toujours, à la chercher sans fin, en te méfiant des opinions, ces demi-vérités d'apparences – car nous vivons dans la confusion entre opinion et vérité.

Crois-moi, si tu vas dans ce sens, tes efforts seront une route ascendante qui te mènera vers les hauteurs où se situent les choses non périssables, celles qui pourront te galvaniser.

Lettre 14

Ma chère filleule,

Est-ce parce que hier je t'ai parlé de l'importance de la raison grâce à laquelle le monde s'éclaire et se dévoile, que j'ai fait cette nuit un rêve te concernant ? Voilà : tu venais d'avoir dix ans, tu n'avais pas encore l'âge nécessaire pour lire mes lettres, mais avec ta mère nous avions décidé de fêter ton anniversaire de manière symbolique ; nous t'emmenions sur l'Acropole à Athènes. C'est en Grèce qu'est née la raison, chez de grands penseurs à qui nous devons beaucoup et que nous lisons toujours malgré les siècles qui se sont écoulés depuis leur disparition ; nous voulions te faire baigner dans cette atmosphère pour qu'un jour tu t'en souviennes avec émotion.

C'était l'hiver ; peu de touristes se dirigeaient vers l'Acropole. Nous étions tranquilles. Nous te tenions par la main et grimpions vers le Parthénon si cher à ta mère. Le ciel était bleu dans ce rêve, comme tes yeux qui se posaient sur toutes les choses nouvelles que tu découvrais. Des années durant, nous t'avions vue grandir telle nous le souhaitions, et la gaieté avec laquelle tu marchais ce jour-là nous disait que tu poursuivrais ta route dans la bonne direction. J'étais heureux.

Devant le Parthénon, ta mère a tenu un passionnant discours sur la grandeur de la Grèce antique ; tu l'écoutais avec une attention parfaite. J'ai complété son message en évoquant quelques-uns des personnages illustres qui avaient permis à la Grèce de passer de l'âge des mythes à celui de la raison, permettant à la civilisation de devenir celle dans laquelle tu vis aujourd'hui. Quand j'ai eu terminé, tu as hoché la tête, très sérieuse soudain, et tu as prononcé cette phrase toute simple qui m'a touché au cœur :

« Quand je serai grande, je vais lire tout ce que ces gens-là ont écrit. »

Je vais donc poursuivre mon propos sur la raison, en développant ce que je t'ai dit dans ma précédente lettre. Tu as maintenant l'âge qui convient pour comprendre que son importance est sans égale

– et combien son utilisation te sera profitable. Elle te permettra, par exemple, de te prémunir contre l'une des plus grandes confusions propagées par l'air du temps, celle qui mélange les notions de progrès, modernité, nouveauté, invention ou innovation, comme si tous ces termes étaient équivalents.

Seul le terme de progrès est intéressant, dans la mesure où il peut effectivement être associé à l'idée d'un devenir meilleur pour les hommes et leur environnement. Les autres notions que j'ai citées plus haut ne sont en rien des synonymes de progrès. Ce qui revient à dire, pour aller tout de suite à l'essentiel, ma chère filleule, que seule une nouveauté qui rend l'homme plus humain qu'il n'était auparavant peut être appelée progrès. Le reste est sans importance.

Tu ne pourras discerner les progrès véritables qu'en refusant ce que j'appelle « l'équation des temps inhumains ». C'est une équation colportée par le monde marchand auquel tu auras bientôt affaire. Elle domine les esprits en laissant entendre que, par essence, tout ce qui est nouveau est meilleur que ce qui est ancien. Voilà qui est commode pour nourrir sans cesse et à l'infini le consumérisme des temps que tu vas vivre – et fragiliser les repères que chacun d'entre nous croyait stables. Cette étrange idée conduit à ne plus rien distinguer avec certitude.

En vérité, il est des choses qui étaient mieux avant et d'autres qui ne l'étaient pas, comme il y aura demain des choses qui seront mieux qu'auparavant et d'autres qui ne le seront pas. Il faut beaucoup d'inconscience pour croire que tout sera mieux dans l'avenir parce que tout aurait été moins bien dans le passé. Tu conviendras avec moi que chaque être raisonnable sait que les temps nouveaux comme les temps anciens engendrent aussi bien du bon que du mauvais, n'est-ce pas ? Il suffit d'un peu de discernement pour s'en apercevoir.

Afin de rester libre, il te faudra cheminer dans le juste milieu et te garder de ce dérèglement qu'est la religion du changement pour le changement. C'est une plaie de l'âme, je t'assure. Là encore, utilise l'esprit critique que nous t'aurons transmis ; alors, tu pourras décider de changer ce qui doit l'être après en avoir jugé ainsi, et conserver ce qui mérite de l'être après en avoir jugé aussi. C'est ainsi que tu exerceras une autre part de ta liberté.

En conclusion : rien ne peut s'accomplir sans le changement, mais tout changement inutile altère l'objet même du changement. C'est pourquoi je te conseille de ne « vivre avec ton temps », comme on ne cessera de t'y inviter, que s'il est en accord avec la vie que tu poursuis. Méfie-toi donc des modes : elles surgissent vite, passent vite, disparaissent vite. Si volatile est leur existence dans la fuite du temps qu'elles ne méritent pas même un regard. Toi tu dois être et durer.

J'ai maintenant une théorie personnelle à te proposer sur le changement. Elle est fondée sur la différence entre progrès technologique et progrès humain ; elle donne évidemment la priorité à ce dernier dans la mesure où il est le but que cherchent les gens comme toi et moi. Le progrès technologique, dans sa définition, ne contient aucune dimension humaine spécifique. Tu ne t'étonneras pas, alors, que l'objectif principal de ses promoteurs soit de produire un profit aussi grand que possible sans préoccupation particulière du bien public. Comme tu le sais, le progrès humain recherche, lui, l'inverse ; il faut bien avouer, hélas, que ses innovations piétinent depuis longtemps. Tu es déjà à l'âge de comprendre ce que je veux dire en observant les choses autour de toi. Regarde bien à partir d'aujourd'hui et tu verras... Tu en concluras sûrement comme moi que l'intérêt véritable d'une nouveauté ne devrait pas être de rendre nos vies prioritairement plus distrayantes ou commodes, mais de répondre à une utilité dans l'ordre de l'éthique – le gouvernement de soi – ou à une nécessité dans l'ordre du politique – le gouvernement de la cité.

Je me suis permis d'aller assez loin dans le développement de ces arguments, ma chère filleule, parce que je sais que tu es désormais capable de les comprendre et que tu les entendras assez peu autour de toi.

Voici donc cette théorie : tu reconnaîtras un progrès véritable à trois critères ; son aptitude à accroître la liberté ; sa capacité à rendre chaque individu humainement meilleur ; sa disposition à favoriser l'expression de la volonté générale vers davantage de bien commun plutôt que vers le renforcement des intérêts particuliers.

À partir de là, quand on te proposera une innovation quelle qu'elle soit, tu sauras quoi en penser. Tu ne feras pas comme ceux qui adoptent étourdiment toutes les nouveautés sans réfléchir à leurs conséquences. Tu passeras chacune d'entre elles au crible de ta raison avant de l'accepter ou de la rejeter. Si une nouveauté remplit au moins l'un des trois critères, je te conseille de la prendre, il s'agit d'un *progrès.* Si cette nouveauté diminue un ou plusieurs des trois critères, refuse-la s'il te plaît, il s'agit d'un *contre-progrès.* Si cette nouveauté ne remplit aucun des critères, mais sans les altérer, elle est neutre, tu peux l'utiliser ou la rejeter, tu as affaire à un *faux progrès*.

La distinction de ces trois types de progrès te sera utile chaque jour pour naviguer entre les récifs de l'existence et repousser les faux-monnayeurs qui ne cesseront de vouloir te fourvoyer sur des routes stériles.

Lettre 15

Ma chère petite,

Dans cette nouvelle lettre je ne vais pas craindre d'être trop exigeant avec l'adolescente que tu es devenue, en approfondissant le rapport qu'il faut entretenir entre la pensée et l'action.

Je t'ai plusieurs fois engagée à penser par toi-même pour être libre ; en vérité, c'est insuffisant si l'on élude la question de savoir à quoi doit aboutir cette obligation de devoir penser avant tout. La réponse tient en une seule phrase, si tu veux mon avis : la pensée doit mener à l'action. Mis à part quelques cas particuliers, il ne suffit pas de penser pour servir à quelque chose. Croire cela reviendrait à refuser de faire une différence entre la parole et les actes. Je suis sûr que tu as déjà constaté combien la plupart des gens parlent pour dire comment ils vont agir mais ne font rien ensuite ; ce sont au mieux des étourdis qui se perdent eux-mêmes, tu ne crois pas ?

De la même manière, à quoi doit servir l'action ? C'est là aussi très clair : elle doit mener à la pensée. Cette pensée te servira à améliorer l'action suivante qui, elle-même, fera progresser la pensée qui prendra place derrière – et ainsi de suite dans une sorte de cercle vertueux.

Si tu entres dans ce cercle, il te sera plus facile de vivre exactement comme tu penses et de penser exactement comme tu agis ; tu éviteras le plus grand des maux affectant les hommes : penser une chose et agir différemment de cette chose. C'est pourquoi je t'affirme une nouvelle fois que l'une des formules du bonheur véritable n'est rien d'autre que l'adéquation constante entre ce que l'on pense et ce que l'on fait.

Il est maintenant une autre de mes leçons qui veut te dire ceci : ne sépare jamais le corps de l'esprit puisque tu disposes de l'un et de l'autre pour être toi-même, puisque la nature t'a offert l'un et l'autre. N'accorde pas de crédit aux enseignements d'hier affirmant que le corps n'est rien et l'esprit absolument tout. N'écoute pas non plus les prescriptions d'aujourd'hui qui prétendent que l'esprit peut attendre car la jouissance du corps le précède. En vérité, ma chère filleule, que peut l'esprit séparé du corps ? Peu de chose. Et le corps amputé de l'esprit ? Pas davantage. Plus tu avanceras dans ta vie, plus tu te rendras compte de ces évidences. Considère donc dès à présent qu'il sera bon pour toi de faire de ton corps le serviteur de ton esprit pour que ce dernier s'exprime en actes.

Ce qui m'amène à te parler de la volonté. Sache d'abord que la vraie volonté est totale ou n'est rien. On ne peut vouloir en partie ou vouloir à moitié, sois-en sûre. Ne pas vouloir complètement, c'est ne pas vouloir du tout. C'est pourquoi je t'engage à accorder chaque jour à ta volonté l'attention la plus grande que tu pourras.

La volonté est la compagne inséparable du courage dont je t'ai parlé déjà. Si au couple formé par le corps et l'esprit, tu ajoutes celui du courage conduit par la volonté, tu deviendras aisément toi-même et tu parviendras à te tenir droite en toute circonstance. Si je voulais te donner une image de toutes ces qualités entremêlées pour le meilleur, ce serait celle-ci : courage et volonté sont les deux chevaux d'un attelage mené par un cocher nommé raison. L'un des guides logés dans le corps et l'esprit de ce cocher s'appelle générosité.

Je viens de désigner l'attelage de ta vie.

Et si l'ensemble des petites filles et petits garçons de ton âge auxquels je m'adresse aussi choisissaient cet attelage, toutes les maladies de notre société s'envoleraient.

Lettre 16

Ma chère petite,

Je veux t'entretenir ici du voyage comme remède aux visions inquiètes du monde. Tu verras comme c'est stimulant – et utile. Quand tu auras l'âge de me lire, tu baigneras dans l'impression que ce monde est avant tout sombre et dangereux tant ceux dont la charge est de transmettre l'information véhiculent de l'angoisse. C'est leur travers le plus néfaste ; refuse de te laisser influencer par ces briseurs de rêves. Ils préfèrent le pessimisme du constat, même s'il est juste, à l'optimisme du combat, surtout s'il est nécessaire. Toi, tu bénéficies de la force de ton univers intérieur pour considérer différemment ce qui t'entoure, emplie de l'exaltation positive de ta jeunesse. Cela dépend de toi seule. Crois-moi, ma chère filleule, il est entre tes mains de faire en sorte que tout soit plus ensoleillé par ton seul regard. L'un de nos anciens penseurs affirmait que ce n'étaient pas les choses elles-mêmes qui troublaient les hommes mais le jugement qu'ils portaient sur elles. Il voyait juste.

En écoutant ce conseil, tu chasseras sans peine de ton esprit l'une des croyances les plus corrosives qui hantent l'air du temps : penser que nous avançons dans un tunnel empli d'obscurité au bout duquel ne luit aucune lumière. Rien n'est plus erroné que cette passion triste tisonnée par la mésestime de soi.

J'ai passé la plus grande partie de ma vie à voyager d'un bout à l'autre de la planète, et je t'assure qu'il y a partout des merveilles méritant d'être connues, découvertes, encensées ; et partout des hommes et des femmes de grande valeur dont les qualités t'enrichiront et que tu enrichiras en retour si tu vas à leur rencontre. Je ne te cacherai jamais les maux de ce monde, tu t'en doutes, ni ne nierai l'existence du mal habitant trop de tes semblables, mais pourquoi t'attarderais-tu sur ces seules considérations alors que tu sais combien la vie vaut la peine d'être vécue ?

C'est pourquoi je t'engage à faire du voyage une des fonctions de ta vie, quel que soit le métier que tu choisiras, quelle que soit l'activité à laquelle tu te voueras pour servir à quelque chose. Parcours notre planète autant que tu le pourras, ma chère filleule. C'est dans l'expérience du « terrain » et le « savoir de la peau » que tu dénoueras l'essence des choses ; tu pourras alors confronter ce que tu auras lu dans les livres et ce que tu auras découvert par toi-même, mettant à l'épreuve les idées reçues et les préjugés de ta société. Surtout, c'est en allant vers les autres et les merveilles de la nature que tu étireras le temps comme un élastique et feras du voyage et de son lot d'aventures le dictionnaire de ton existence tout entière. Tu en tireras une intensité de vie à nulle autre pareille.

Voyage et voyage sans cesse, ma chère filleule, là se trouve aussi le secret de la jeunesse.

Lettre 17

Ma petite fille,

Aujourd'hui, j'ai l'intention d'ouvrir pour toi l'une des portes de ton apprentissage de la vie en te parlant des « Autres », c'est-à-dire de ceux qui ne sont pas toi-même et peuplent la Terre. Ils représentent une richesse inépuisable que tu dois éviter de laisser sur les bas-côtés de ton parcours, tant elle est fondatrice et source de joie.

Pour y parvenir, il te faudra d'abord considérer les Autres comme une fin en soi et non comme un moyen. Ainsi, ils ne seront jamais des obstacles à ton parcours mais bien plutôt des compagnons dans le voyage de ta vie. Je ne te raconte pas ici un conte de fées, ma chère filleule, je te propose juste une autre façon de considérer tes semblables, d'où peut naître une solidarité commune et réciproque

– ce qu'il importe de retirer de cette richesse des Autres.

Je vais commencer par te proposer une définition personnelle de ces « Autres » issue de l'expérience dont je crois être porteur après avoir vécu dans de nombreuses sociétés à travers le monde. Tu en feras ensuite ce que tu voudras.

L'Autre est celui qui n'est pas toi ; il est la totalité des êtres humains. Il y a à la fois ceux qui se trouvent à tes côtés et te ressemblent, et ceux qui sont au loin et te ressemblent moins. Ceux-là parlent des langues incompréhensibles et vivent dans des croyances et des coutumes qui te sont étrangères. Si tu te limites à cette seule considération lors de tes voyages ou quand tu rencontreras ces Autres chez nous, il te sera impossible de t'en approcher véritablement. Ils resteront éloignés et incompris de toi – et ne te comprendront pas davantage. Il te sera plus profitable de chercher les ressemblances t'unissant à eux plutôt que les différences t'en séparant – c'est un sage conseil.

Les « Autres loin de toi » ne se ressemblent pas non plus entre eux. Ils sont innombrables et très divers selon les pays ; ils forment un kaléidoscope aussi tournoyant qu'un manège, comme tu t'en apercevras en voyageant. Leur capacité à se fondre dans un même creuset pour se comprendre les uns les autres et s'accepter dépend là aussi de l'état d'esprit dont je t'ai fait part plus haut, car il vaut aussi pour eux : préférer les ressemblances qui rapprochent aux différences qui éloignent ; certains le font, d'autres pas.

Dans tous les cas, sois convaincue d'une chose. Quels que soient ces Autres, les lieux où ils vivent, leurs usages et leurs modes de vie, ils sont conduits par des intérêts identiques et d'identiques passions ; tous sont également semblables entre eux par leurs émotions, de la joie à la tristesse et de l'amour à son contraire. Il y a donc un « Même derrière l'Autre », et en t'intéressant à ces Autres, tu trouveras sans peine des « Mêmes que toi ». Là se situe une des grandes illuminations que tu pourras connaître à l'âge adulte lorsque tu parcourras la planète, ma chère filleule : l'existence d'un substrat de nature humaine logeant dans chaque Autre. Fais-en l'un de tes guides de vie. Alors, tu ne douteras plus de l'existence de valeurs universelles déterminées par la raison et partagées en tout lieu et dans toutes les sociétés – comme le courage, l'honnêteté ou la générosité – et de sentiments universels déterminés par l'intuition – comme la joie et la peine. Tu sauras définitivement que si certaines choses sont relatives, d'autres ne le sont pas.

Ces découvertes, tu les feras un jour ; et tu en déduiras par toi-même ce que signifie « faire humanité » par la solidarité : c'est seulement lorsqu'un Homme décide par ses actes et non par ses pensées ou ses discours d'accorder quelque chose de lui-même à un Homme qui ne lui ressemble pas en apparence qu'il devient son semblable. Vois-tu, les mots sont insuffisants pour rendre chaque être humain analogue en dignité à tous les autres. Seuls comptent les actes, une fois de plus. À partir de cette évidence, il te sera aisé d'établir ce que doit être la solidarité commune entre les Hommes et agir en conséquence pour exercer ta propre solidarité. Tu trouveras dans cette conduite la satisfaction profonde d'être toujours en cohérence avec toi-même, ce qui est aussi l'une des clefs du bonheur.

Lettre 18

Ma chère petite,

Je t'ai parlé dans ma précédente lettre de solidarité ; hélas, tu vas vivre dans une société qui sera de plus en plus une société de compétition, où chacun lutte contre les autres, dans la solitude et l'anxiété, afin d'accéder à la lumière. Ce n'est ni toi ni moi qui avons créé cette société, ni ne l'avons inventée. Elle était là bien avant nous et demeurera bien après nous. Mais nous avons toute latitude pour aller à l'encontre de la manière dont elle nous pousse à agir si nous ne sommes pas d'accord, ne crois-tu pas ?

Par ton libre arbitre, tu pourras au moins décider avec qui tu seras en compétition. Pourquoi ne pas te suggérer alors d'être à toi-même ton seul adversaire ? N'est-ce pas plus sain et plus exaltant ? Tu serais ainsi certaine de ne jamais considérer ceux qui t'entourent comme des obstacles à ta progression, mais au contraire des compagnons susceptibles de suivre ta route. Tu serais un exemple pour eux. Je ne peux rien te proposer de mieux pour éviter d'appartenir à la cohorte de ceux qui font reculer l'humanité.

Si tu t'imposes ce choix, la seule reconnaissance que tu chercheras dans cette société de compétition sera la tienne et celle de ceux auxquels tu accordes ton estime ; éloigne de toi le souci d'être reconnue par la foule ou les détenteurs du pouvoir, ce ne serait que vanité. Suis mon avis : moins tu tiendras compte des jugements portés sur toi – en bien comme en mal –, plus ta liberté sera grande.

En ce qui concerne le « jugement des autres », je veux te préciser deux ou trois choses d'importance. La plupart des gens jugent leurs semblables sur des critères de richesses matérielles, de pouvoir ou d'honneurs, tu t'en étonneras dès ton entrée dans la vie active. Écarte-toi de cette voie commune en employant des critères plus justes, tu en tireras grand profit pour la connaissance véritable des Hommes. Juge-les avant tout sur ce qu'ils ont accompli par leurs actes et leurs pensées, sur la quantité de bien qu'ils ont apporté à la communauté de leurs semblables et la quantité de mal qu'ils ont empêché d'entrer dans cette même communauté. En agissant ainsi, tu comprendras mieux où se situe la vraie compétition.

Toujours et partout méfie-toi de ce qui incite les hommes à dominer d'autres hommes. L'un de nos penseurs les plus anciens estimait que c'était une « loi de la nature » qui poussait les plus forts à dominer les plus faibles et que nul n'y pouvait rien ; l'observation des faits lui donne raison, tu t'en apercevras vite. Cependant, pourquoi ne pas t'opposer à cette loi de nature en inventant par toi-même une « loi d'humanité » te conduisant à faire l'inverse ? Ce serait un exercice fructueux de ta liberté souveraine, une manière parmi d'autres de créer tes propres valeurs. Dans ce cas, ce que tu tenteras de dominer avec cette « loi d'humanité », ce ne sera en rien les autres – pourquoi te consacrer à l'éphémère et risquer d'engendrer du mal ? Tu trouveras une bien plus grande noblesse à te dominer toi-même, et seulement toi-même. N'est-ce pas là ce que tu dois rechercher ?

Lettre 19

Ma petite filleule,

Aujourd'hui, je vais passer en revue quelques notions importantes pour diriger ta vie et lui donner du sens. Commençons par ce que l'on appelle communément les épreuves de l'existence. Ne t'effraie pas par avance de me voir aborder un tel sujet. Il est essentiel et je serais en faute si je l'escamotais, te laissant croire que la vie est un long fleuve tranquille. Par-delà ses aspects exaltants, elle est aussi – et pour nous tous – une suite d'obstacles à surmonter si l'on veut pouvoir dire à la fin : nous avons gagné.

Chacun redoute les épreuves ; c'est bien naturel tant elles sont nombreuses et variées. Nul ne peut y échapper, mais ce qu'il est possible d'éviter, c'est la crainte de ces épreuves. Pour y parvenir, je ne peux t'offrir qu'un unique moyen, mais il est efficace : préparer ton esprit à faire face aux avanies qui t'attendent, plutôt qu'éloigner leur possibilité de ton âme.

Quand tu liras cette lettre tu auras l'âge suffisant pour cette préparation ; elle ne requiert qu'un effort de l'imagination et de la volonté. Décide par avance, et soigneusement, comment tu te comporteras dans tous les types d'épreuves auxquelles tu seras confrontée par la force des choses : la souffrance, la peur, le malheur, le danger… Quoi faire précisément à ce moment-là, comment te comporter, quoi dire et penser, quelle conduite adopter pour éviter de chuter. À toi de te déterminer, tu es seule juge. Mais si tu suis ce conseil destiné à ta sauvegarde, au jour dit tu seras prête et sans frayeur excessive. Si l'adversité te prenait par surprise, tu serais perdue.

La crainte des épreuves jette trop de tes semblables dans la peur de vivre, la peur d'aimer, la peur d'agir, la peur de tout. Écarte de toi ces peurs vénéneuses ; elles seraient une paralysie de ta puissance d'être. Préfère le courage que nous t'avons enseigné avec ta mère et choisis l'énergie qui pousse en avant. Sois généreuse avec l'existence, elle te le rendra au centuple.

Je t'ai parlé plus haut des efforts dont tu devras faire montre pour décider de ton comportement dans les épreuves avant qu'elles ne surviennent. Je peux t'assurer maintenant que l'effort est l'une des qualités fondamentales que tu devras sans cesse cultiver si tu veux atteindre tes buts ; c'est une évidence, mais ne l'oublie jamais. Fais progressivement de l'effort un compagnon de voyage. Si tu y parviens, chaque effort sera au fur et à mesure plus facile à mettre en œuvre et tu t'apercevras alors que c'est une route d'excellence bien plus exaltante à prendre que le chemin de la facilité toujours plus aisé à suivre. Si la facilité dictait ta conduite, tu ne serais sûre de rien.

Le monde extérieur, le plus souvent, t'engagera à préférer cette facilité, si douce à exercer. Pourquoi l'écouter ? Ce serait cheminer sur une pente au bas de laquelle t'attend la foule des faux-monnayeurs te proposant, comme je te l'ai déjà dit, la mère des facilités : ne plus avoir à penser par toi-même. Si tous les enfants de ton âge achetaient cette fausse monnaie, ce serait la véritable fin du monde, crois-moi.

Sois intraitable avec la facilité. Toujours persévère dans ton être. Et s'il t'arrive de te sentir seule et solitaire dans ta préférence pour l'effort, n'en sois pas troublée ; c'est le lot de ceux qui résistent pour se tenir droits. Ne songe jamais à l'abandon, poursuis ta route sans esprit de recul.

Ce qui te fortifiera dans cette voie, c'est la certitude que les grandes actions bien souvent s'accomplissent dans la solitude.

Lettre 20

Ma chère filleule,

Dans cette lettre, je vais encore passer en revue quelques notions dont tu pourras faire profit pour l'accomplissement de ta vie. Si tu désires qu'elle soit en accord parfait avec ton univers intérieur, demande-toi sans cesse comment être juste avec toi-même et avec les autres dans chacune de tes décisions ; cette question de la justice exercée par soi-même sur ses semblables est une question que beaucoup ne se posent jamais, ajoutant ainsi, et sans s'en rendre compte, du mal au délitement de la société. Toi, tu peux fixer d'autres règles ; par exemple, estimer que quelqu'un est juste et honnête s'il n'enlève rien à quiconque pour se l'attribuer à lui-même et considère, en outre, la fidélité à sa parole comme son premier devoir ; c'est ainsi, tu le verras, que l'on manifeste son souci constant du bien commun, parfois avant le sien propre ; il devient alors possible de véritablement mettre en œuvre le respect des autres, cette notion qui va de pair avec la solidarité.

Sur cette notion de respect, ma chère filleule, je pourrais t'écrire des pages et des pages, mais il est trop tôt. Je le ferai lorsque tu me poseras des questions sur toutes ces lettres que je t'écris. Sache, pour tes débuts dans la vie, que le respect consiste avant tout en une décision simple tenant en une phrase : se conduire de telle manière que par ses actes et ses paroles envers quelqu'un on lui procure le sentiment d'être ce qu'il se sent être vraiment. Analyse bien cette phrase, tu verras comme elle est simple en réalité. Tu en concluras qu'en agissant comme je viens de te le conseiller, tu seras certaine d'être respectée en retour.

Ce que je viens de te dire te permettra de toujours mieux te comporter en toute circonstance et dans tous les domaines, quel que soit le prix à payer. Il sera lourd, parfois, car on te rendra rarement justice de tes actes – ainsi va la vie, souvent. Ne t'en affecte pas et décide de ne jamais te plaindre ni te sentir victime. À ce sujet, prends très tôt conscience qu'adhérer à la litanie des plaintes qui ne cessera de t'environner est sans grandeur et qu'accepter le statut de victime revient à consentir inconsciemment à la servitude volontaire.

Ces deux refus participeront de ta noblesse de comportement ; tu comprendras alors que la véritable noblesse n'est en rien une position sociale ou le résultat d'une transmission héréditaire. Elle est juste une volonté : tenter d'élever chaque chose au-dessus de sa condition normale.

Lettre 21

Ma chère petite,

Cet après-midi, ta mère et moi t'avons une nouvelle fois emmenée en promenade dans les rues de Paris ; nous sommes passés par les berges de la Seine, avons longé le Louvre et les Tuileries jusqu'au Trocadéro, admirant une fois de plus la magnifique architecture des bâtiments que nous contemplions et sur lesquels le temps n'a pas de prise ; nous commentions pour toi ce que nous voyions dans l'idée qu'il resterait quelque chose de ces graines plantées dans ton esprit. Comme souvent, nous avons pris des photos à ton intention ; elles seront un jour comme une mémoire anticipée de tes premiers regards sur le monde.

En songeant à cela ce soir, l'envie me prend de t'écrire sur ce que peut représenter le beau dans une existence ; c'est une question importante, ma chère filleule, trop souvent négligée par l'utilitarisme de notre époque. Pour autant, je ne veux pas t'ennuyer ici avec un long discours sur la nature du beau, sa définition, ou ce en quoi il peut être relatif dans certains cas et universel dans d'autres. Je veux juste t'apprendre l'essentiel pour ton entrée dans le monde : la beauté est inséparable d'une vie pleine et entière, elle est même consubstantielle à la liberté et à tout ce qui participe des biens collectifs. Une existence dénuée de beauté autour de soi serait une existence amputée. Peut-être même la vie ne vaudrait-elle pas la peine d'être vécue… Seules les âmes froides et les esprits calculateurs peuvent s'accommoder de l'absence de beauté.

Ma petite, la modernité transporte partout des laideurs jamais vues auxquelles nous ne nous attendions pas. Ces laideurs s'ajoutent sans pitié aux dérèglements que nous infligeons à la nature. Partout on défigure la planète, c'est un lieu commun que je te dis là, mais pour une fois, ce lieu commun est fondé : les entrées de nos villes se convertissent en galeries marchandes dont le clinquant masque la disgrâce, les étendues sauvages sont saccagées par des machines les exploitant sans précaution pour l'environnement, les montagnes et les rivages de nos mers se transforment en parcs d'attractions à l'architecture désolante, les îles et les atolls les plus paradisiaques sont ravalés au rang de décharges publiques ; je pourrais étirer à l'infini la liste de cette affreuse litanie, car elle dit tout de la lutte menée par la laideur contre la beauté. Mais je veux m'arrêter là et te parler plutôt des hommes et des femmes qui dans tous les pays se trouvent du bon côté de ce combat ; ils sont nombreux et protègent vaille que vaille ce qui peut l'être ; certains produisent même de leurs mains des beautés inconnues jusqu'ici. Tu les trouveras chez les artistes poursuivant leurs œuvres avec vaillance, dans les livres capables de transcendance, parmi les architectes soucieux de ne rien laisser derrière eux de honteux, chez beaucoup d'autres encore et dans mille métiers. Rejoins leurs rangs. Tous ensemble, vous pourriez bien inaugurer l'ère nouvelle d'une écologie de la beauté.

Ma chère filleule, il est impossible de vivre vraiment sans beauté comme il est impossible de vivre sans poésie. Alors, dans le parcours qui sera le tien, quelles que soient tes entreprises, déclare la guerre à la laideur, je t'en prie ; fais-en ton ennemie personnelle ; partout et toujours découvre le moyen de produire de la beauté : dans tes gestes, ton allure, tes comportements, tes paroles, dans tout ce que tu construiras, pour toi comme pour les autres.

Ce sera une manière féconde de participer, modestement mais sûrement, au sauvetage de ce qui t'entoure.

Lettre 22

Ma chère petite,

Il fait nuit chez moi et je t'écris à la lueur d'un abat-jour tamisé, baigné par le silence si favorable à la réflexion et au dialogue intérieur, avec près de moi la mappemonde que je retrouve avec émotion au retour de chacune de mes aventures ; elle continue à me faire rêver, car jamais je ne me suis lassé des promesses portées par les cartes, les atlas ou les planisphères. Nos actions les plus sincères partent toujours du rêve pour mieux y revenir.

Quand viendra le moment, je te léguerai cette mappemonde. Ce jour-là, je te ferai parcourir de la main le merveilleux contour des océans et des continents, des îles et des archipels, des rives lointaines et des ports perdus qui seront demain les lieux où, je l'espère, tu dérouleras une part de ta vie, afin qu'aucune des richesses de l'existence ne te soit inconnue.

Mais avant, dans cette paix de la nuit, je souhaite poursuivre mes conseils sur les qualités qui te permettront d'être sans cesse identique à toi-même en dépit des changements dont tu seras affectée. Je t'ai déjà parlé du courage, de la générosité, de l'effort, de la volonté, mais d'autres qualités sont indispensables.

Commençons par la lucidité. Il s'agit d'une vertu de l'esprit absolument nécessaire au discernement, et seul ce dernier permet aussi bien le véritable savoir des choses que la connaissance la plus sûre des événements. Ce discernement découlant de la lucidité, fais-en ta pleine propriété – il est une garantie contre l'erreur et le désir de se voiler la face devant ce qui dérange ou effraie. La plupart des gens, pour se protéger, ne veulent pas voir ce qu'ils voient et encore moins dire ce qu'ils voient. C'est une faute de l'esprit ; ne la commets jamais, je t'en prie.

La lucidité t'obligera à beaucoup de sang-froid et à la volonté constante de ne pas t'abuser toi-même – mais cela en vaut la peine ; elle te mènera à refuser la falsification du réel hantant nos sociétés et à accepter de regarder le monde tel qu'il est et non tel que tu voudrais qu'il soit – sans cela, comment pourrais-tu agir efficacement sur ce monde comme sur toi-même ?

Ma chère filleule, la lucidité est le vaccin des illusions. C'est un chemin difficile à prendre et un exercice toujours ardu ; c'est même le travail de toute une vie ; si tu décides d'exercer ta lucidité en toute circonstance – même et surtout lorsque cette lucidité te semblera douloureuse car brisant tes rêves ou tes espoirs – tu seras sauvée du brouillard qui enveloppe l'existence.

Grâce à la lucidité de tes choix de vie, tu t'opposeras à bien des impératifs trompeurs de notre société actuelle. En voici deux dont tu devras te garder : « lâcher prise » afin de diminuer les tensions du quotidien, et « s'accepter comme on est » pour être heureux. La première injonction est un conseil de démission – comment pourrais-tu atteindre tes buts en lâchant prise ? La seconde est une affirmation de l'abandon – comment pourrais-tu t'améliorer toi-même si tu penses être accomplie dès le départ ? Ce serait refuser tout effort pour devenir meilleure. Préfère toujours la tension qui mène vers des hauteurs fécondes. Résiste aux sommations stériles, puisque résister et penser sont souvent une seule et même chose.

De manière générale, tu constateras que les gens préfèrent l'opposé de la lucidité qui a pour nom le déni. Ce dernier est d'un grand confort. Il est plus aisé d'y vivre en paix – ainsi font les autruches, dit-on, la tête dans le sable ; tout au bout cependant, la vérité reprend ses droits et la chute est d'autant plus dure.

Sans relâche, aiguise ton esprit afin de porter un regard lucide sur ce qui t'entoure. Ce sera l'aiguillon de ton intelligence. Et cet aiguillon te mènera à d'autres découvertes essentielles à ton équilibre ; par exemple, que la solitude n'est jamais à craindre et qu'il faut même la rechercher. Ce n'est en rien une chose étrange que je te dis là. Porte un regard inversé sur les choses et tu verras combien je dis vrai.

Tes semblables redoutent la solitude comme ils redoutent les maladies. Ne t'en étonne pas. C'est à coup sûr parce que leur monde intérieur manque de richesse ou de fermeté. Ils ne lui ont pas porté assez d'attention ; sans cela, ils ne cesseraient d'en visiter les moindres recoins, emplis d'une joie profonde.

Toi et tous les enfants de ton âge n'aurez jamais cette crainte, je l'espère, puisque vous aurez pris grand soin de bâtir vos citadelles intérieures et d'en entretenir chaque jour les fondations. Vous en conclurez vite que si la compagnie des autres, quand ils sont bien choisis, est un bonheur parfait, il existe une autre félicité, complémentaire et indispensable à ce bonheur : se sentir heureux quand on est seul.

Alors, tu chériras la solitude, ma chère filleule, et le face-à-face avec toi-même qu'elle permet ; tu y trouveras l'occasion rare de te fréquenter sans connaître l'ennui puisque tu te suffis à toi-même si nécessaire ; par là, tu découvriras la notion d'autonomie qui consiste en une claire et ardente volonté : dépendre le moins possible du monde extérieur. C'est chose rude, mais l'autonomie est l'un des autres noms de la liberté.

Lettre 23

Ma petite filleule,

Dans cette lettre, je veux t'entretenir de l'utile et de l'inutile. Cela te paraîtra peut-être étrange ; cependant, tu verras l'importance de cette question dès que tu entreras de plain-pied dans la vie active, au cœur d'une société où l'inversion de bien des valeurs s'impose chaque jour un peu plus.

En ce qui concerne le jugement de l'utile et de l'inutile, tu t'apercevras, à l'âge où tu liras mes lettres, que l'école en charge de ton éducation a davantage le souci de te préparer au monde du travail en te transmettant les connaissances utiles aux emplois qui te seront proposés plus tard, qu'à faire de toi une citoyenne éclairée par des savoirs fructueux en eux-mêmes, mais considérés comme inutiles par le marché.

Le principe d'utilité est à la base de la société dans laquelle tu viens de naître, ma chère filleule. Tu devras faire avec, comme tes parents et moi-même jusqu'ici. Cependant, tu n'auras rien à craindre, je vais te le démontrer ; il existe des solutions à tout.

Commençons par le constat de ce qui t'entoure. La marchandisation accélérée du monde pousse dans la direction d'un utilitarisme dominateur, et nos renoncements successifs aux valeurs fondamentales de l'existence dont je t'ai beaucoup parlé ne font qu'accentuer ce processus sans humanité : aujourd'hui, tout doit pouvoir être acheté et vendu, tout doit servir à quelque chose de palpable et quantifiable, tout doit être « rentabilisé » pour le profit le plus grand possible ou la « productivité » la plus élevée qui soit – et cela dans tous les domaines de l'existence. Sur le vaste marché des valeurs de la vie, on te commandera donc de choisir celles jugées les plus utiles – c'est-à-dire immédiatement calculables – quel que soit le sentiment d'inutilité qui les accompagnera quand tu prendras la peine d'ôter le voile les recouvrant. Quel épuisement sans intérêt véritable !

Cependant, rien n'est irrémédiable à ceux qui veulent résister. Comme le dit si bien ta mère, la vie n'est pas un centre commercial. Alors, pourquoi te comporterais-tu comme une acheteuse de denrées insignifiantes, pourquoi te laisserais-tu imposer pour chacun de tes choix, chacune de tes pensées, chacun de tes désirs profonds, le seul critère de l'utilité instantanée, aussitôt chiffrable ? Tu peux fuir sans peine cette fausse monnaie ; il te suffit de décider. Tu as mieux à faire si tu veux donner du sens à ta vie ; en vérité, je n'ai pas d'inquiétude pour toi, je sais que tu as déjà tout compris.

En suivant mes avis, tu ne manqueras pas de te demander si, en fin de compte, ce n'est pas le critère d'utilité imposé par cette société qui se révèle inutile pour nous procurer le vrai bonheur en ce bas monde – celui dont je t'ai parlé à maintes reprises. D'un bout à l'autre de ta vie, demeure convaincue que la véritable utilité se situe dans le plein exercice de ta liberté sans calcul, de ton autonomie sans arrière-pensées, de tes buts dénués d'intérêts personnels, ces objectifs de vie cachés dans la splendeur de l'inutile.

La splendeur de l'inutile… Quelle juste formule ! Empare-toi d'elle pour enchanter le monde puisqu'il vaut d'être connu, vécu et arpenté sans limites. Écoute encore ta mère : elle affirme avec justesse que les hommes et les femmes libres vivent dans la quête du sens et de la beauté de chacun de leurs choix, n'hésitant jamais à contester la dictature de l'utilité qui cherche à ce que nous ayons sans cesse besoin de quelque chose pour, au final, nous conduire à manquer de tout.

L'art, l'amour, le voyage, la poésie, tout ce qui comble l'esprit, sont ce que l'humanité a su créer de mieux ; sois certaine qu'ils ont toujours été, sont encore, et seront toujours, merveilleusement inutiles.

Lettre 24

Ma chère petite,

J'ai profondément aimé te parler à travers les lettres que tu viens de lire. Celle-ci est la dernière ; elle sera brève et emplie de l'émotion des choses qui s'achèvent et ne reviendront plus ; je vais l'écrire avant que ta mère et moi retournions te promener vers la place de la Contrescarpe où viennent de naître les premières chaleurs de l'été. Je la lui donnerai ensuite, comme toutes mes autres lettres, et une part de ce que je devais faire pour toi sera accomplie. Un jour, tu tourneras la dernière page de ce livre.

À l'issue de ce parcours initiatique que nous t'avons fait prendre, il me faut te prier d'excuser ma génération de ne pas avoir fait mieux pour la société dans laquelle tu vas vivre. Elle se fissure et c'est notre faute collective. J'espère que tes parents et moi nous sommes rattrapés en essayant de te conduire vers les hauteurs que méritent d'atteindre toutes les petites filles et petits garçons de ton âge ; dans l'avenir, vous agirez mieux que nous pour cette société, j'en suis persuadé, et il vous sera plus facile de tenir bon quand surviendront des orages trop puissants. Là se situe l'espoir que nous avons semé.

Comme dernier message, je veux te transmettre une maxime pleine d'humanité, écrite jadis par un grand penseur romain dans l'un de ses traités sur les biens et les maux, que je te donnerai un jour à lire et que tous les enfants devraient lire :

« Les hommes sont confiés par la nature les uns aux autres ; par cela même qu'il est homme, un homme ne doit pas être étranger pour un autre homme. »

Je forme des vœux pour que tu suives cette voie sans jamais en dévier ; elle sera le complément désintéressé de ton choix de la liberté avant toute chose pour construire ton monde intérieur et guider ton existence. Agissant ainsi, tu seras celle dont on pourra affirmer : voilà une personne rare puisqu'elle « pense pour agir droitement » et « agit pour penser justement ». Ce serait le plus beau compliment que l'on pourrait te faire sur la valeur de ta vie. Je t'engage une dernière fois à ne jamais séparer les deux fonctions de la pensée et de l'action, afin de ne pas quitter la voie de la femme complète dans laquelle ta mère et moi t'avons engagée ; par là même tu éviteras de demeurer dans les mondes incomplets où gisent les choses sans importance.

Alors, quand tu auras atteint mon âge et qu'on te demandera : « Qu'as-tu fait de ta vie ? », tu pourras répondre qu'elle a été ce que tu voulais qu'elle soit.

DU MÊME AUTEUR *(suite)*

POÉSIE

Aventures et voyages, Paragraphes littéraires de Paris.

Au long cours, Éditions Saint-Germain-des-Prés.

Éphémérides, Plon.

ESSAIS

Guerre en Afghanistan, La Table Ronde.

De l'Esprit d'aventure (avec Gérard Chaliand et Jean-Claude Guilbert), Points-Seuil.

Le Regard du singe (avec Gérard Chaliand et Sophie Mousset), Points-Seuil.

Combattre !, Éditions de La Martinière.

Éthique du samouraï moderne, Grasset, Points-Seuil.

Bonjour Monsieur Orwell, Gallimard.

Avec les Kurdes, Gallimard.

Dictionnaire amoureux de la Corse, Plon (Prix Méditerranée essai).

Le Goût du risque (avec Andrea Marcolongo et Loïc Finaz), Grasset.

Croire et agir, Plon.

Dictionnaire amoureux des philosophes de l'Antiquité, Plon (à paraître).

RÉCITS

L'Exode vietnamien, Arthaud (Médaille de l'Académie de marine).

Ils ont choisi la liberté, Arthaud.

Paona (avec Alain Boinet et Domitille Lagourgue), l'Archipel.

Quatre du Congo, in collector *Toutes les routes possibles,* Points-Seuil.

Terre farouche, in collector *Toutes les routes possibles,* Points-Seuil.

Qui a bu l'eau du Nil, in collector *Toutes les routes possibles,* Points-Seuil.

Raid Papou, in collector *Toutes les routes possibles,* Points-Seuil.

La Folle Équipée, Points-Seuil.

Trois ans sur la dunette, Points-Seuil.

Avant la dernière ligne droite, Arthaud, Points-Seuil.

Mourir pour Kobané, Perrin/Tempus.

Patrouille au Grand Nord, Grasset, Points-Seuil (Prix Éric Tabarly).

ALBUMS

Chasseur d'horizon, Filipacchi.

« La Boudeuse » en Amazonie (avec Nicolas Clérice), Glénat.

La Vie que j'ai voulue, Seuil.

LIVRES COLLECTIFS

L'Aventure, pour quoi faire ?, Points-Seuil.

L'Aventure, le choix d'une vie, Points-Seuil.

La Mer pour aventure, Points-Seuil.

100 marins, Paulsen.

Aider plus loin – Solidarités international, Autrement.

Œuvres vives – valeurs et vertus dans la marine, Locus Solus.

Le Dernier Carré, Perrin.

Les Écrivains sous les drapeaux, Fayard.

Autres

Patrice Franceschi, aventurier, Bernard Biancarelli, Albiana.

Patrice Franceschi et « La Boudeuse », Valérie Labadie, Seuil et Points-Seuil.

« La Boudeuse » en Amazonie française, Sophie Mousset, Gallimard.

Mise en pages
PCA 44400 Rezé

Cet ouvrage a été achevé d'imprimer sur Roto-Page
par l'Imprimerie Floch à Mayenne
pour le compte des éditions Grasset
en septembre 2024.

Grasset s'engage pour l'environnement en réduisant l'empreinte carbone de ses livres. Celle de cet exemplaire est de :
200 g éq. CO_2
Rendez-vous sur www.grasset-durable.fr

PAPIER CERTIFIÉ

N° d'édition : 23335 – N° d'impression : 105477
Dépôt légal : octobre 2024
Imprimé en France